JN418882

오직 하나의 사랑

오직 하나의 사랑

초판 1쇄 인쇄 2021년 10월 5일
초판 1쇄 발행 2021년 10월 8일

지은이 | 김성철
펴낸이 | 김경옥
디자인 | 류요한
펴낸곳 | 도서출판 온북스

등록번호 | 제 312-2003-000042호
등록일 | 2003년 8월 14일
주소 | 서울시 은평구 은평로 194-6, 502호
전화 | 02-2263-0360
팩스 | 02-2274-4602

ISBN 978-89-92364-75-1 03810

오직 하나의 사랑

김성철 시집

온북스
ONBOOKS

머리글

글은 일반적으로 딱딱하고 삭막하다는 선입견을 갖는 경향이 있다. 그래서인지 시대가 변할수록 책을 기피하는 추세로 세상이 흘러간다. 시각적이고 자극적이며 말초적인 성향으로 기울어지는 시대적 풍조 속에서 길게 이어가는 산문적인 글은 갈수록 기피하는 경향이 짙어질 것이다. 칸트의 철학을 끝까지 통독하는 사람이 얼마나 있을까?

그러나 시라면 상황이 다르지 않을까 하는 생각을 해본다. 어쩌면 시각적이고 심미적인 욕구를 충족시켜줄 수 있는 접점이 있으리라고 나는 판단한다. 아름답게 꾸며서 그림으로 엮어낼 수만 있다면 시가 사람들의 시선을 끌 수 있지 않을까.

나는 시를 저작하면서 풍경을 풍경처럼 표현해보고자 애를 써 왔다. 시인으로써 끈질기게 견해를 세우는 나의 시적 신념은 아름다워야 한다는 것이다. 그러기 위해서는 사물의 내면의 세계를 깊이 관조할 수 있는 관찰력이 절실하다. 직업에 따라 사물을 관측하는 태도는 다양하다. 시인은 시인의 촉이 발달되어 있는 사람이고 시인의 감각은 사물의 내면 속에 내밀하게 감추어진 아름다움을 밖으로 끌어내어 적절한 어휘로 구성하고 장식해서 예술적인 경지로 승화시키는 탐구의 촉이다.

어느 것 하나도 거저 되는 것이 없다. 만상의 내면을 시로 읊어내기 위해서는 적합한 어휘와 문장을 구상해야 한다. 풍부한 어휘 함량과 시적 문장 구성의 기술은 필수적이다. 그래서 시인은 좋은 문장 새로운 단어를 넓혀가기 위해서 수많은 시인들의 시집을 끊임없이 탐구해야 한다. 그래야 한다. 스스로 구덩이를 파고 거기에 안주하면 시의 숨이 끊어지게 될 것이다. 시는 시로 숨 쉬고 시로 먹고산다. 수많은 시인들이 별과 같은 시를 하늘에 띄우는 힘겨운 작업은 장엄하고 장하다.

피가 묻어 있지 않는 시는 없다고 나는 나름대로 확신하고 있다. 그만큼 시 한 편 세워 생명을 불어넣는 공정이 힘이 들기 때문이다.

시는 계속 나아가는 행군이고 진화이며 끊임없이 스스로를 벗고 또 벗는 허물 벗기 과정이다. 나는 좋은 시를 만나면 그 작가의 시를 깊이 음미하고 암송해서 내 것으로 소화시킨다. 흉내를 내기 위해서가 아니다. 귀한 자양으로 먹고 마시는 것이다. 그러면 나의 시가 살이 찌고 윤기를 띠고 생기가 돈다.

어휘의 사냥꾼, 문장을 낚는 낚시꾼, 아름다운 시의 화원을 가꾸는 원예사, 시에 생명을 쏟아 또 하나의 생명을 잉태하는 산부, 사변의 오솔길을 거닐며 고독한 사유의 결정체를 빚어내는 언어의 조리사. 이것이 내가 생각하는 시인의 실체이다.

시는 나의 존재이고 나의 길이고 나의 이력이다. 그리고 내

가슴을 잿빛에서 화려한 색채로 단장하는 내면의 화장이다. 살맛이 맛깔스럽게 우러나온다. 나는 지금도 시에 목마르다. 이 탐미적인 탐욕을 속되다 할 것인가.

그리고 나를 시인으로 끌어올려 주시고 늘 격려해 주심으로서 시인으로서의 자부심을 갖게 해주신 국제문예 문인협회 배용파 회장님께 감사를 드린다. 또한 이미 문인의 반열에 올라 작품 활동을 그침 없이 계속하고 계시는 이달주 수필가님께도 감사를 드린다. 이달주 선생님은 이번에 사재를 털어 위기에 처한 사립학교를 인수하셔서 평소 선생님이 꿈꾸시던 교육사업에 투신하셨다. 오로지 마음과 몸과 물질을 쏟아부어야 하는 고귀한 사명의 길을 결단하신 것이다. 축하드리고 축하드린다.

목 차

제2부

연리지

제3부

장미, 아름다운 덫이여

제4부

오직 하나의 사랑

제5부

영혼이여 예술이여

헌정시

제1부

가슴에 간직한 보물

부메랑

돌아오라

실루엣으로 파묻혀 아련한 옛녘
가는 숨 깨이면 사랑스러운 색채로
다시 일어나겠느냐

돌아오라

금조각 같은 아쉬움의 시절
가성비 알찬 꼭지점으로 가는 길
놓쳐서 아쉬운 시간의 디딤돌이여

돌아오라

비릿한 내음 바다가 반뼘만큼 들어오는 고향
썰물 나간 갯펄
남생이 등어리에 얹혀놓은 나의 노래여

돌아오라

흰 살색 살가워 살갗에 새겨진 자태는
천연빛 기품이었나
아직 끝나지 않은 이야기

돌아오라

달빛을 마셔요

날씨의 깊은 속내를 알 수 있을까요
변덕이 미덕인 줄 아는 괴짜
주는 대로 받으라 하네요

기후에 맞추어가는
적응의 기술

구름 비운 날에는
달을 품어 배부른 밤이
달빛을 마음껏 풀어 헤쳐요

으스름으로 빛깔 울어내면
빛줄기 타고 달 속으로 영혼을 던집니다

큰 바위 아래
달의 내장이 그림자로
물웅덩이처럼 고여 있어요

야음의 정수로 퍼 마시면
늘어붙은 시간 털어낼 근력 붙겠지요

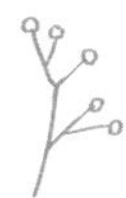

꽃이라 말하리

버거운 생 어찌 버틸까
눈물이 흙을 적셔 진흙탕 길인가

공감의 넝쿨
휘감아 다독이는 다정이 꽃이다

곁을 떠난 반려자, 소진된 여력
공허한 울부짖음 허공이 삼키는데

가만히 다가와 품는 가슴이
꽃이다

무르익은 병
콧줄 꽂은 채 버티는 안간힘

한 끗 차이 비밀 풀어 숨 일으킨
의료가 꽃이다

식어서 등 돌려 떠나는 걸음인가
길바닥에 흘리는 핏방울이여

곪아서 흐르는 고름 닦는 오지랖이
꽃이다

숲속에 옹달샘

숨 가쁨 한 줌 던져 넣고
한 모금의 샘물
어찌 그리 결로 다가오는 상큼함인가

조각으로 자그맣게 줄여
잠시 내려앉은 구름
살풋 젖은 채로 그리움 안고 제 길을 간다

깊은 정적으로 미끄러지는 밤이면
쏟아져 드는 별빛
은밀한 밀회를 정이라 할까

바람이 훑어 지나갈 때마다
찰방거리는 소리
샘의 속내 끌어안고 갈 길 가는 나그네

아침을 기다린다
잎새 뚫어 새어드는 동살
깃이라도 스며들면 반짝이는 보석이라

맑아서 숲의 마음이라 하는가
고독으로 울어낸
긴긴 이야기가 산을 채우고 있다

익숙함과 낯설음

가슴 뛰게 하는 생소함
기울어진 달그림자일까요

뒷뜨락에 드러누운 공허를
어찌 받으라 하는가요

깜박거리는 불빛
실 틈으로 스며든 이여

잃어버릴까 스러질까
안쓰러움 지우고 세월 내려앉았네요

꽃잎의 결
내 살 속에 박힌 그리움
사랑스러운 꽃은 시듦을 지웠나요

손 끝에 살가운 전율
낯설음 벗어 익숙한 그대여

아침이 내려앉은 우리의 침상에
숙성된 이야기
꽃으로 피었어요

위대한 비움의 장정

스스로 채워가야 하는 고달픈 생
먹어도 배부름이 없고
마셔도 해갈의 길은 요원한데

허무와 그림자로 미끄러지는
퇴폐와 비틀림
유령 같은 무지개 좇아가는 생이여

동정녀의 몸 안에 띠끌인 양
작게 오신 예수
비워서 비움으로 세상에 오셨네

모진 아픔 견뎌내는 십자가의 형장
쏟아낸 피로 죄를 씻고
탐욕 덩어리 육체 걸러내는 쓰라림이여

무덤은 비웠고
무욕의 새 장
예수로만 채워지는 부활의 팡파레

신성의 자락이 휘감기는 삶
그을음 없는 광명

위대한 사랑의 머무름이여!
은혜의 하얀 휘장에 품기운 행복이여!

라일락꽃이 피었어요

라일락 향낭이 터질 듯해요

사랑하는 이
마음을 훔치고 싶은가요

향으로 던지는 화려한 올가미는
아름다운 인연, 굳게 세워요

가슴 응어리 깊어 아픈가요

태생으로 빚는 라일락의 체취
옹이 녹여내는 결이
굽이쳐 흘러요

영혼이 빈곤해서 남루해졌나요

탐미로 가는 길
뇌살의 내음으로 울어내 보세요
향긋한 속 맵시, 곱다 하리요

라일락꽃이 피었어요

가슴에 간직한 보물

희어서 눈부신 색채의 진수
생소해서 신선한
이슬로 태어난 사람아

심장 밀실 제쳐
들어앉은 영상은 솟는 일출인가

끊어낼 수 없는 끈
생을 옭아매는
사슬로 진한 정이여

내 영혼이 빠져든 깊은 수렁에
그대 넋으로 빚어진
꽃이 피었네

분초마다 취해
삶의 이정마저 왜곡되고

존재가 휘어져 다른 생이 되었네
포개어져,
운명이 된 단 하나의 별빛이여!

함께 사는 길

공유로 넓혀가는 사귐의 영역
각을 없앤 접점이
너그러워요

소라껍질 뒤집어쓴
소라게의 자취가 인생론이 되는
독선의 비애

꽃은 빗장이 없어 아름답지요

부수어서 넝쿨은 뻗을 수 있고
낮추어서 향은 퍼질 수 있는
융합이 풍경입니다

눈으로 들어오세요
귀로 환영합니다
입에 현수막 걸었어요

투명해서 다 보여주는
넝쿨끼리 얽혀진 인연의 그물망
아고라*에 쉼표가 있어요

* **아고라** : 광장

분홍이라는 이름의 영산홍

눈빛 던지면
은근한 언어로 시선 휘감아
상큼한 교감의 문

영산홍이 분홍으로 꽃잎 열었네

그윽하게 색이라 하며
정취 가득 채워
이 봄은 그대로 넉넉하고

누구에게나 친근하고
무엇에든지 엉기는
천연의 붙임성마저 꽃이라 하리

한참은 머물러
가슴에 담아두는 평화의 꽃
그림자 남겨 떠나가는 날

분홍으로 흔적

이 꽃 저 꽃

주소지 바꾸어 피어 있게나

진홍으로 풀어내는 영산홍의 속말

태생으로 정염을 머금어
가슴을 달구는
사랑의 꽃 진홍으로 영산홍

봄철 고요한 뒷켠마저
흔들고 있다
물들여 정열로 타오르라 한다

예술이 색으로 내린 정의
입술이 딸려오는
야한 언어

불꽃으로 타는 사랑이
속을 익혀내면
신음으로 새어 나오는 울음의 색조

영산홍이
이 화려하고도 심각한 정조를
진홍으로 풀어내고 있다

구름의 언어

구름의 말을 아시나요
바람에게 배우고
햇살의 자양으로 익은 언어

구름이 흘러요
바람이 밀어 어디로 가나요
태양 가벼이 얹혀 아름다운 여정인가요

모질어 단단해진 속내
색깔마저 거무스름한 빛깔은
울분 머금어 깊어진 건가요

욕심 많은 세상
감각 열어 보았나요 읽었나요
남몰래 흘리는 울음소리 엿들었나요

쏟아 놓으세요
풀어놓아 대신 울어주는
애틋함으로 받을게요

스스로를 지워 종적 거두는 날
어디선가
아픈 상처는 쌓여가겠지요

다시 떠오르는 구름의 날
기다리렵니다

도려낸 두려움

가냘퍼서
끊임없이 휘둘리는 갈대
광풍에 꺾어져 덜컹거리는 넌출

에덴에서 발원한 강물에
섞여 흐르는 원초적 두려움

전능자 앞에 설 수 없는 실존
막막함으로 맞서는 의혹
풀리지 않는 문제

평강의 왕, 예수가 오셨다
공포를 꺾는 위대한 힘의 정수여

스스로를 던져
십자가로 죄를 매달아 단번에
어긋난 태생을 바꾸신다

허약한 형질에
주의 피가 스며들면
절대 평화가 두려움을 삼킨다

왕의 나라가 새 주소지로 설정되고
은혜가 신비의 결로 굽이치는
영광, 영광의 시대여!

제2부

연리지

봄비의 낭만

느낌표가 많아지는 봄
추려낼 수 없어
무엇에든지 엉겨 속내를 풀어낸다

햇살에 흐르는 음률
구름이 춤추듯 떠다니고
흐린 날은 봄의 정조가 숙성된다

내리는 비에
정제된 서정, 색채가 걸러지고
흐린 조명에 꽃은 무거운 듯 곱다

우아와 화려가 잠시 빛깔을 가리면
그리움마저 꽃이 되는
역설의 미학

봄비가 은어로 쏟아내는
젖어도 아름다운
이 계절의 시성이다

모란꽃 앞에서

가슴 아리게 하는 애처로움
꽃으로 피어
처연한 풍모여

바람 불면
촛불인 양 흐느적거리는 꽃잎 자락
위태로운 듯 안쓰럽고

붉은 바탕에 노랗게 익은 속살
풀어헤쳐 너풀거리는 옷고름
무엇을 보이려느냐

웃는 듯
알 수 없는 서글픔 이슬처럼 맺혔는데

아련한 꿈결에 잠겨
정처 없는 여정이라도 떠났는가

그대 품어 자아내 해맑은 서정
고요를 깨우는 파문은 잠들지 못하고,

5월은 또 그렇게
모란 끌어안고 함께 저물어가는가

$E=mC^2$ *

삶이 핏기를 잃으면
창백해진 시간도 잠시 멈추는 듯
동력이 소진되었나요

바람이 불어요
푸른 가지들이 쏟아내는 소란은
무심한 소음으로 흩어지는 걸까요

우주를 관통한 태양의 자락
빗줄기처럼 떨어져
버려지는 공허의 흐름일까요

속도에 붙어 있는 힘
동작에서 우러나는 생동의 비밀

무덤이 잠시 그림자로 내려앉은
허탈의 이력 지우고
다람쥐 쳇바퀴라도 다시 돌리렵니다

내 숨이, 내 심장이,
잠시도 쉼표 찍지 않고
버텨내는 속내를 알아챈 게죠

* E는 에너지, m은 질량, C는 속도

정갈한 빛 하얀 영산홍

하얀 봄이
천사의 빛으로 내려왔다

희어서 눈이 부신
영산홍이 정갈한 카타르시스를
샘인 양 열었다

흰 피부 나단*의 결
아늑하게 하는
이 봄의 다정이다

보드랍게 다가오는 감촉
은근하게 밀려드는 향
순결의 빛으로 던지는 입맞춤

봄볕이 기색을 낮춘 채
마냥 머물러 있다

쉬어가라 속삭인 듯 서성이는 마음
눈빛으로 남기는 아쉬움
백색의 여운이 가슴에 떠돈다

* **나단** : 극세사로 짠 옷감, 아주 부드러움

연리지

달빛으로 씻어낸 흰 살결
보석으로 매겨지는 값
농익어 꽃잎의 절정으로 오는 이

한 세기 아득한 거리인 양
감각 뒷켠에
어른거려 무관심의 피안이었을까

계절의 터울 굴러도
생강으로
지나쳐 흘렀던 무심한 세월

너풀거린 나비 나래짓으로
가슴에 일렁이는 하얀 파고여

물오른 시간이 꽃으로 피어오른
어느 날
하얗게 다가온 음성은
밀어낼 수 없는 유혹이었네라

겹겹이 앓아
살풀이 세월 끝즈음
묶여서 한 덩어리로 연리지* 굴레여

* **연리지** : 두 개의 나무가 한 가지로 붙는 현상

깊어서 더 깊은 침묵

깊은 정적은 무덤인 양
닻을 내리고
소리와 동작을 지운다

색조가 핏기를 잃어
창백한 정조로 아픈 고요가 내려앉는다

찬 기운 휘몰아치는 언덕
어찌 지형이
소란스러워 낙원의 모양새를 거두었나

말을 던지면
허공에서 얼어붙고
떨어지는 얼음조각은 언제나 해를 만날까

묵언의 시간이 끝날 무렵
예수가 말씀의 데시벨을 높이고
세상에 부활을 하사했느니

받지 못하면
절명의 적막은 영혼을 삼키고
단애는 득달로 달겨들리니

은어는 직유로 꺼풀 벗고
절명사는 찢어지고
소란은 멈추어 노래가 되는 구원이여

꽃잎에 내린 이슬은

운이 좋아 꽃잎에 살포시
내렸느냐
투명한 속내는 꽃색으로 물들었네

청청한 하늘 담아내는
앙증스러운 욕심
앳된 녘 품은 채 몸짓마저 고운 결인가

매끈한 꺼풀에 여명 품고
붉은 아침으로 가는 길
잠든 꽃 깨워
이슬 노래라도 부르려느냐

아침 햇살에
잠 털어내는 꽃들마다
이슬에 비친 매무새 단장이라

해걸음 발부리에 다소곳한 모양새
찰방거리는 꽃방울
탁한 상념 씻어내는 샘이여!

노을로 떠난 여행

서산에만 머물러
찰나의 서러움 뿌리는 노을
주린 듯 눈으로 마시는 남은 정인가

꺼지듯 종적 지우는 아련함
짙어서 깊어진 주홍의 시린 여운
가슴에 쓸어 담는다

어디로 가는가
탄성과 탄식이 교차한
얽히고 설켜지는 파격의 조화이더냐

속 털어 남은 빛깔 게워내면
빠르게 다가오는 종말

야음의 정적을 서정이라 하지 마라
별빛에 수혈하듯 색깔 쏟아
결심 모질게 남긴들

한 줌의 녘에 울어낸
핏빛 그 농염한 정염의 진액을
무엇에 비견하리

꽃 그 뒤안길 쓸쓸함에 대하여

석별의 정
나눌 틈도 없이 떠난 꽃이여

허공 붙들고 공허는 짙어가는데
황량한 여백 그 쓸쓸함
기다리라 하는가

반 켠도 못된 구석에 던진
그리움 가슴에 차오르고

꼭지 떨어져
이슬인 양 흘린 눈물
햇살 훑어 벌써 쓸어갔네

시듦의 숙명 벗지 못한 채
절정으로 끌어올린
넋마저 따라 피는 동반의 환희

저문 빈터에 솟는 잎새
대체의 여운인가
아픔이 설핏 매어달린다

명멸의 교차
고요히 받아 꽃의 그 날을 꿈꾸련다

세월 잡으러 간다

나는 내려놓고
혼자만 가라고 했건만
어찌 무거운 육신 들쳐 업고 가는가요

갓난이를 일으켜 세워
청년으로 곱게 가꾼 화려한 공
만년 흘러도 청춘 약속하지 않았나요

녹색의 시대는 금단구역이라
건드릴 수 없는
치외법권의 신성 구역이거늘

살바 단단히 조이고
안간힘으로 다시 끌어와
가슴 항아리에 그대 가두려 합니다

영혼의 힘 단단한 근력
고뇌의 밤으로 고단위 자양
나꿔채는 완력이라

아직 노래는 남았고
낭만은 여백이 차고 넘치는데
세월이여 나의 세월이여

취하게 하는 것들

무명의 들꽃과 화려한 장미 사이
기울기 버린 나비
감성촉 깊이 꽂아 사랑이라 하네요

큰 품으로 아우르는 심미안이여

넓데한 오동 잎새 실날의 풀 잎새
초록이면 다 품어 매기는 광합성의 값
햇살 더듬이에 초록노래라

푸른 잎사귀면 가리지 않는다오

청청한 하늘에 지워진 가시
이 구름 저 구름 이 바람 저 바람
스쳐가는 나그네여

한결의 인사법은 낯색 바꾼 적이 없지요

어김없는 그 자리에
꼭 맞는 맞춤의 기술이 신묘합니다
낡아지지 않는 자연이여

그리움으로 기다리는 님인가요

꺾이지 않는 평화

덜컹거리는 생
동강난 실존의 아우성
한 생애 내내 찌르는 통증

복원의 비전이
완성의 씨를 품고
위대한 페이지를 열었다

무한히 흘러넘치는 평화
평강의 발원지가
십자가에서 그 시작점을 연다

중생의 자리에 하늘의 빛이 내려오고
천국으로 이어지는 수렴의 길
종의 변화를 겪은 영혼의 행로가 세워진다

험준한 차 안을 제압하는
평화의 왕, 예수가 통치를 펼친다

가슴에 본질로 오는 정밀
확장의 위세로
이력을 곱게 가꾸어가는 힘

알파로 점찍고 오메가로 매듭짓는
아름다운 절대 섭리가 삶을 우렁차게 한다

제3부

장미, 아름다운 덫이여

푸른 날에는 푸르게 바꾸세요

피부 다 열어 받는 계절
가슴에 일어나는 낭만
푸르게 숨 쉬는 시대여

감각 속으로 파고든
청록의 이미지
신록의 언어가 굽이치고 있다

잠시 스쳐 가는 듯
간만 보고 점만 찍고
무늬만 남기고 꺼지는 허한 흐름이더냐

꽃으로 세운 정서
떨어진 꼭지 물어 태어난 초록이
태양을 움켜쥐고 가는 길

마음에 자리 잡은 청색의 시대
꿈으로 가는 이음줄은 늘 생생하다

단단히 다져 파릇한 결심
동력 일으키면
코발트 창공, 날음의 공간으로 진입하리

거울을 던질까요

화려한 꽃, 초록의 잎새, 청아한 하늘
봄이 들러리 선 거울 속에
푸릇한 내가 있다

한 묶음으로 엮어져
싱그러워 색채 가득한
어울림

세월이
흑비를 뿌리고 지나가면
털어내었던 몸부림

세포가 뚫리고
가슴에 단풍이 진다

시간이 세균처럼
육신을 범하면 면역력이 약하다

거울이 비스듬히 나를
응시하고 있다

장미, 아름다운 덫이여

넋을 앗는 잔인함인가요
앗겨도 아깝지 않은
잃어버린 채 행복인가요

향 속에 꽃, 꽃 속에 향
공간을 접어 끝없이 넓히는 가슴인가요

골 깊은 곳 숨어 흐르는 물줄기가
소곤거리듯 전해주는
미색의 예찬은 마름이 없어요

햇살도 누운 채
갈 길 잊었더이다
모든 서성거림의 시작인가요

해걸음 끝 무렵
노을이 시샘하다가
앓아서 그을음이 되었네요

마음에 장미로 물든 색조
지울 수 없습니다

채워지지 않는 허기
어찌할까요
강탈당한 시간 가만히 놓고 가렵니다

계산할 수 없는 것들

계산에 익숙한 세상
네거티브는 계산이 없이는
버티지 못한다

휘감아 끌어안는 영역
가슴은 수학을 모른다
그대만큼 큰 자는 없다

숫자로 끄적거릴 수 없는 우주여

타오르는 열정이
다함이 없는 무한을 품고 있다면
계산기도 녹는다

사랑이 식어 냉랭한 자리에
재만 남은 계산기
중독성으로 피어오른 싹이여
미운 정이라 하는가

아직, 혈관에 흐르는 피가
열기를 보듬고 있다면
있는 대로 받는 아름다운 수용이거니

계산기 없는 곳이 아름답다

접시꽃 사랑

그리움에 녹아 여문 여름
진액 쏟아 우려내는
접시꽃이 사랑스러운 결로 피었네

웃는 듯 우는 듯
신비는 헤아림을 넘는 깊이라

해독할 수 없는 암호는
가슴앓이만 빚어내는가

손길 닿으면 꺼질 듯
시선 쏟아 정 가꾸려 한다

애리애리한 꽃잎 복판에
옹골지게 솟은 노란색 술이여
향 풀어 아름다운 덫으로 너울인가

바람 불면 나긋나긋한 물결
푸른 넌출 솟은 대로 고운 가락이라

햇살 담아 현란한 빛깔
피 같은 아픔이어도 품고 가련다

능소화로 온 여름

시간 여울에 세월 띄워놓고
푸른 하늘 기색 살핀
기다림인가

주황 솟쳐내라는 신호
바람이 흘린 당도 높은 손짓에
녹색의 집 벗고 핀 꽃이여

앳된 여인의 나긋한 허리에
잎새 제쳐
능소화가 매무새 가다듬었네

노랑과 선홍의 혼혈아 주황의 정수여
얄팍한 듯 깊어서
미끄러지는 경사는 향으로 닿는가

피어서 곱고 흔들려 우아한 춤
안과 밖을 아우르는
통 큰 넝쿨의 이야기

예찬의 오선지에 능소화가
음표 끌어안고 노래하네

해갈의 도

한계 인간이 내동댕이쳐지는
아픈 현장
으름짱의 시대가 검은 휘장을 올린다

무엇을 먹을까
어떻게 살까
어디로 갈까

의문의 파도가 밀려오고
답을 잃고 질문만 질펀한 광야
윤형방황에 갇힌 생

예수가 생수의 샘을 여신다
반석에 솟쳐내는 영생의 비밀

냉빙과 화석의 회색 여정이
생동하는 격으로 바뀐다

채워지는 허기
포만의 노래
아픈 십자가로 빚어진 새 창조의 아우라여

부활이 열리고
예배가 열리고
예수가 함께한 고상한 생애가 열린다

천국으로 가는 사람들

녹색여행

속 깊이 파고들어 온 녹색의 시간
푸릇한 생기가
바람으로 불어온다

책장처럼 읽어서 넘기는
친근한 여름
발걸음 멈추는 곳이면 글이 있다

초록이 밀실 열어
솔솔 스며드는 여름의 이야기

험한 산이어서 다정하고
연한 남색의 바다를 마시고
영혼은 배가 부르다

여행이 풀어놓는 배낭의 꾸러미에
비리지 않은 꿈이 있다

초록에 겨워 마냥 푸른 철이여
무념으로 서성여
익어가는 계절이여

하얗게 나의 순결 접시꽃

응어리 쌓여
아득한 절망이 지척에서 서성거려요
벼랑 끝 아득함인가요

삶이 그림자로 돌아앉고
웃음은 휴지로 구겨지고 부서져
버려야 할 사치가 되었어요

씻어서 날아오르는 길
흰 샘물, 하얀 꽃에 있었어요

나신 통째 던져도
다 받아 정갈함으로 가는 밀실
토닥이는 살결이 희게 베어 들어옵니다

헛된 욕망이 떨어져 나가는
통증 없는 순백의 수술
정화의 품에서 얻어가는 쉼인가요

흰 꽃잎으로 어르고
눈빛 결로 끌어안고
고운 입술 하얀 언어 다사로움이여

희게 된 나의 시간, 여기에 묻고 갑니다

정

화염 깃들었던 꽃잎의 설레임
닳아져 흔적만 남고
살맛 희미하게 익혀내는 사랑 부스러기

피부와 피부 사이
눈빛과 눈빛 사이
시간과 시간 사이

묵음으로 흐르는 묵언의 교감
뜨겁지 않다
차지 않다

은근해서 운무인 양 덮인 정서를
무엇이라 할까
풀꽃 한 송이는 피워낼 수 있으리

투박한 뚝심으로 와서
기념비로 세워지고
쌓아가는 세월로 내려앉았다

포만의 넘침 잃었는가
먹은 듯 고프고 고픈 듯 배부른
정이여, 정이여

양귀비

타들어가는 사랑
오직 한 곳을 향해 쏟아붓는 열정은
생명마저 불태우는가

처연하게 핀 꽃
꽃잎 열어 그리움
하냥 기다림은 극렬한 통증이더냐

깊어서 더 깊은 고독
아름다움을 익혀내는 진통이라

포승줄 같은 요염함
중독성으로 나꾸어채는 넝쿨은
거부할 수 없노라

쾌락이라 하지 마라

생리 안에 숨은 약탈성
몸서리로 내리는 통한의 정염이여

꽃이여 과잉으로 붉어
아픈 꽃이여

높은 곳에서 관심의 아우라

내쫓긴 서러움에
광기로 흘러가는 자의성
아담 계보의 굴레

생의 끝 즈음에
목 조르는 검은 손
죄의 값이 계산된다

예수가 세상에 오셨다

그의 피가 아담을 쓸어낸다
버려져 썩은 실존 위에
영원한 호흡이 존재를 바꾼다

보좌의 관심이 쏟아진다
의인은 믿음으로 살리라

사람 계보의 꼭짓점이 하나님이시다
아가페의 젖가슴에 안긴 자녀들
전능자의 동사가 된,

되어지고 이루어지는
은혜의 시대가 열린다
주권이 하나님께 있음을 깨닫는다

제4부

오직 하나의 사랑

분홍으로 아우름의 꽃 나의 접시꽃

푸른빛 하늘 들러리 삼고
고고한 기품 우아하게 솟은
접시꽃, 분홍의 인사

흰색과 붉은색 가슴에 모아
버무림의 기술은
정교해서 틈도 없이 새날 열었네

수줍음으로 덜 익은 홍조
뜨겁게 달아오르는 불꽃의 길
쉼표 찍어 머무름인가

승화의 길
분홍으로 풀어내는 청아한 노래여

희어서 눈부심, 붉어서 화려함
지운 듯 포갠 듯
알 수 없는 모호함에 신비로 꽃이여

씨가 예정으로 품어
흰 시간 붉은 시간 뒤엉킨 채
크로스오버로 피어오른 이 여름의 예쁜 순수

가을의 삽화

살갗을 보듬듯 감싸는
명지바람에 가시가 없다

구름이 가슴만 흘러간다
청옥의 하늘이
가슴만 얹어 놓으란다

가을이
계절의 가슴이 아니더냐

걸쳐 입은 화려 곁에
옷 벗길 시간이 수를 세고 있다

아름답게 와서 우아하게
끝점을 남기는 여유
가을 감성은 정으로 넘친다

마지막 잎새는
나무마다 남겨질 고별사라

낙엽 밟는 소리를 음악으로
받으라는
가을 가슴의 밀어가

가을을 더 아름답게 한다

코스모스가 가을을 채운다

가파른 비탈 뻔히 보이는
재바른 모습
길섶 꽃으로 허공을 채운 꽃

넌출 높이 올려 소박한 기품이여
험한 잡초 거치른 시샘
뚫어낸 뚝심이 아름답다

얕게 깔린 푸른 풀들
아득한 곳 수려한 자색에
시샘으로 들썩인다

햇살 한 가닥이면
차게 식은 시간을 견디는 힘이라

갈바람이 살살 흔들어 쏟은 향
챙겨 깊은 가을로 내뺀다

줌 같은 몸매 가늘게 피어도
푸른 창공은
스러질 듯 가냘픈 꽃잎 끌어안고
달달하게 가을을 보내리

은행나무에게 보내는 편지

꽃을 피우려느냐

뿌리까지 속내 다 털어
기진해지는 가을

꽃이 부러웠더냐
잎이라도 노랗게 치장하면
꽃이라 할까

늦가을 빈 가슴 채우려느냐

배불러 풍년가는 허공에 차오르는데
빈곤해지는 가슴은 어이하리

부요한 빛깔
바람결에 황금 냄새 쏟아내면
서린 허기 채워지랴

사랑을 완성케 하려느냐

바람 끈으로 이어졌던
암컷과 수컷의 사랑

암컷들마다
조랑조랑 매달린 새끼들
교합의 끝날이 노란빛이면

완결된 사랑이라 할까

낙엽이 서럽더냐

(다비; 불태움)

다비*가 끝인 줄 알았다
태워서 하얀 연기와 잿빛의 재

예쁜 차림새로 가라고 색 발라
치장한 줄 알았다

꽃상여 배웅으로
떠나보내는 줄 알았다

시간이 끝 즈음 풀어놓은
노을인 줄 알았다

소멸 다음
수순이 있는 줄 몰랐다
돌아오는 봄
새순에 새겨진 그림자

나이테 두텁게 둘러
단단해지는 흐름인 줄 몰랐다
버리고 자라는 아픈 생리

뿌리가 흙 속 흔적 더듬어
꽃으로 피워내는 줄 몰랐다
거름 되어 솟는 환희

낙엽이 서럽더냐

* **다비** : 불태움

다시 찾은 품

죄가 사람을 꺾어 빗어진 맨드리
자아 중심이
꼬아진 생의 뿌리가 되었다

오만과 아집끼리 부대끼는
역사의 페이지
장마다 앓음으로 신음소리 높다

예수가
잃어버린 수직 구도를 재건하신다
무릎이 인간 회복의 맥이다
경배로 나아가는 길

이기가 무너지고 이타가 세워지는
청사진이
새 본질의 세포에 심어지고

찬란한 태양 예수가
은총의 직사광으로 비치는 영역
넉넉한 일조량이
영혼을 달달하게 만들고

구원으로 당도 높은 영혼
따뜻한 품으로 얽혀져
영원한 평화의 아름다운 너울이여

세월이여 내 사랑은 비껴가시구려

경계 허물어 안마당 다 내주었지요
가녀린 듯 꽃잎인 양
무게 지우고 무게로 온 세월이여

닦아도 그대로인 얼룩은
심술인가요

내 사랑 잠든 얼굴
낯이 선 나이테가 설핏 내려앉았네요
싱싱한 연초록 찾고 있습니다

세월이여
달달함 지우고
표정 까슬하게 바꾸었나요

곡선으로 휘는 시간
그냥 그 자리 다소곳한 모양새
아름답다 하리이다

동그랗게 가둔 내 사랑
금단의 영역이라 선언했습니다

푸릇한 바람이 불어옵니다
내 사랑의 청춘은 허물 수 없습니다

어찌 노란색의 장미인가요

깊숙이 익은 아름다움은
청초 위에
품위마저 뛰어넘는 건가요

흰 피부에 입혀야 할까요
붉은 빛깔마저 시녀로 거느리는
여왕 같은 절정의 우아함이여

심장이 달군 핏빛 배타의 성역
가슴이 밀어낼 수 없는 색
그 압도적 빛깔, 숨이라도 멈출까요

노랗게 물들어
눈빛마저 사치스러워지면, 세월마저
흐느적거리고

무결의 정함에서 솟는 허영기를
나무랄 건가요

노란 꽃잎으로 사랑스러운 청춘이여
격 높아 넘쳐흐르는 예찬의 노래
꽃이여! 노란 장미여!

오직 하나의 사랑

그대로 서 있으라 한다

바람이 흔들어 휘어질 수 없는 시선
생물로 살아 있는 정이여
영원한 결박이여

이정표는 흔들리지 않는다
영혼에 붉게 새겨진 푯말이여

꽃도 피고 새도 노래하고 하늘은 푸르다
살아 있는 순수

정염을 사르는 불꽃인 채
내 심장에 들어와 숨 쉬는 이

응시하는 나의 눈빛은 빛나고
입술은 고백으로 무성하다

시공 위에서 초연히 피어 있는
오직 한 떨기 꽃이여!

아픈 이별이 별이 되다

아스라이 별이 된 이별들
가슴에 기린 환영이
승화된 빛이라

서러움에 겨워
가늘게 솟은 미망의 꽃들이여
끝은 다함이 없고

추억을 삼켜 한이 되었는가
겁마저 뛰어넘어
초연의 차원으로 날아갔는가

끊어낼 수 없는 절절한 정
마르지 않는 울음
우주로 흘러가 차라리 빛이 되리라

색깔 잃어 흑색 휘장 드리워져
농익은 밤

화석이 된 그리움들
반짝임으로 찬란한 이별의 이야기들이여

만남과 이별

만남과 이별은
한 뿌리에서 태어난 이종의 근친이다

연(緣)을 엮어내는 동맥
정 밀어내는 정맥
한 심장에서 엇갈리는 길

불같은 본능, 그 야만스러운 포옹
시간 등쌀에 재우침을 당하면
차게 식은 채 품을 버린다

얽혀져 황홀한 순간 지나가면
돌아서는 쓸쓸함이여
우수의 철학이 딱지처럼 엉켜
아픔마저 추스려 담는다

끝까지 함께 할 수 없는 홀로의 생리
태는 외롭고
죽음은 더 외롭다

만남과 이별은
한 뿌리에서 태어난 이종의 근친이다

아름다운 이정

깊고 넓은 낭 털어
쏟음으로 온 이, 첫발 희미한 듯 뚜렷한데

자국에 찍힌 은어 꺼풀 열어
왕이라 하네

무지갯빛 아우라는
영혼 따뜻하게 뎁히는 안온의 가슴
띄워서 끌어가는 사랑이었네

잃었던 꿈 생시로 옷 입어
누더기 생에 덧씌워 행복이라 하는가

천하고 질 낮은 남루함 지우고
색 넘어선 화려의 왕궁 시대 세웠느니

절대자의 슬하에 거듭난 실존
함께 가는 노정은 거칠 것이 없어라

예수로 먹고 마심의 비밀
어둠의 감정 말끔히 쓸어내는 힘찬 물줄기여

주의 심장으로 발 딛는 이 생의 노정
큰 틀 짜 예수의 길 가는 사람아

제5부

영혼이여 예술이여

사랑한다는 말

슬픔이 먹구름으로 오는 날
그을음이
심장에 무겁게 내려앉았어요

새소리가 허공에 떠돌고 있어요
짝 그리움
핏빛 출렁임인가요

욕망의 몸피는 끝없이 자라고
피는 끓어 뜨거운데
사랑의 미로를 헤매고 있지요

하늘을 가슴으로 받았어요
넋이 푸른빛이 되었네요
혈류에 실바람이 일어요

일렁이는 사랑의 눈빛인가요
천체의 광채도
눈부심 잃겠지요

껍질 벗어 붉게 익은 말 한마디
사랑이 항낭을 열었어요

시듦과 가시가 있어서
아름다운 장미

세월도 머물 자리 없어
비껴가는 장미 가시의 외로움
버려진 듯 쓸쓸하다

가시에 찔린 바람이
아프게 내뺀다

봄에도 녹지 않는 서슬
잠마저 떨쳐내는 밤
꽃을 지켜내는 파수꾼의 숙명은 외롭다

장미를 더 꽃이 되게 하려는
열정이
가시가 되었을까

시들어 떠나가는 꽃잎에
서러움이 젖어드는 날
멍이 든 가시에 햇살이 부딪쳐 떨어진다

아름다움의 그늘은 늘 아프다

꽃의 퇴행사

어떻게 그렇게 고울 수 있느냐고,

예쁜 것도 굴레가 될까요
정으로 품어서 금세
밀어내어도 숙명으로 받아요

정의도
심각한 철학도 없어요

섬광 같은 화려함
잠시 후면 꼭지 떨구는 사랑
스쳐 지나가는 시선

아름답다 찬사의 너울 안에
시들어서 잦아드는 아픈 고요가 있어요

꽃 그림자에 맺히는 서러움
마저, 지워진 자리에
추억으로만 함초롬히 피어 있을게요

그리움 한 방울 남겨요

떠나지 못한 낙엽

늦가을 서슬에 꺾여 썰의 찬 결에
휩쓸려 떠나간 잎새들
가뭇하게 아득한데

허공이 품이더냐
찬 기운 싸늘한 바람 드세어 가는데
고향 떠나지 못한 낙엽

가을을 버리는 슬픔보다
더 나은 길이라 버티는 세월

한이 맺혀 진한 여운인가

뇌색의 계절 죽은 잎파랑치에
꼭꼭 숨겨
추억이라 끌어안고 깍지라도 끼었는가

바스락 소리는
끝난 철 그림자 부둥켜안은 안간힘이라

시즙마저 마른 남루한 잎새
봄이 오면 가려느냐

흰 눈의 언어

겨울은 흰 눈의 언어로 격이 높다

직유*로 다가와 속앓이를
눈보라로 쏟는다
지구의 앓음을 들여다보란다

인과관계는 뿌리가 깊다

말쑥하게 정돈된 모양새
은유*로 내리는 눈
탐스러운 송이로 빈 가지들이 배부르다

내면을 살포시 제껴 덮는 듯 벗는다
고요로 들어내는 겨울의 문학

밤새 내려 시침을 떼는 설경
환유*라 하며 품 열어 쏟고 싶은 속살
햇살이 내려앉아 눈이 부시다

남루한 인성, 자기애 증후군
하얀 소복으로 정갈하게 세우면
평화의 흰 꽃이 피리라고

눈의 언어는 여왕처럼 신비롭다

* **직유** : 노골적 표현
* **은유** : 숨겨 은밀하게 표현
* **환유** : 간접 표현

부활

가시 면류관의 해법
빗나간 사고를 뜯어고쳐
하늘을 담는다

느낌표가 우주로 확장되는 문이
십자가로 열리고

부활의 속살이
껍질을 벗고 심장으로 다가온다

하늘이 뚫리는 장엄이
가슴으로 들어오면
보좌로 솟는 상념의 체계가 완성되고

땅에 것을 털고 위에 것을 움켜쥐는
거룩한 생태
위로 끌려가는 아름다운 숙명이여

생의 정의가 틀을 바꾸고
주께 얹혀진 삶

영생의 문이
찬란한 빛으로 다가오는 순간을
기다린다

긍정의 유래

어둠 씌워 태양을 지워도
적막의 복판에서
해와의 소통은 일어난다

햇살이 뿌려 묻어 있는
은어의 조각들

디테일의 시선으로 정독한다

마음에 태양이 뜨고 있다
영혼으로 끌어와
재고가 된 나의 빛

정신의 광합성이 일어나고
나의 이파랑치는
통통해진다

알알이 익어가는 긍정
위험한 밀림을 헤쳐 나갈 근력이다

향수

탯줄 자를 때
향수는 버섯처럼 퍼지고
죽순처럼 자란다

고향의 노래가 태어난 기원

나의 이기는
나만의 사랑을 고집하고
내 감성 여물던 때를 집착한다

어릴 때를 묻고 떠돌았던 이력
회상의 갈증이 심해지면
추억으로 발굴해 내는 고향 냄새

가슴앓이로 온 밤 지새는 날

여명의 끝자락이 스멀스멀 밀려오는 시간
땋아 내린 붉은 빛줄기 가닥에
아련한 옛이 또렷이 매달린다

시간을 휘면 휘어지는 듯
그리워 아린 시절이
송글송글 심장에 맺혔다

영혼이여 예술이여

이성의 고원지대에
사랑스럽게 핀 꽃, 예술

감성의 자유분방을 가지런히 다듬어
예쁜 틀 안에 가두면
분재로 빚어지는 생물

차가운 재와 뜨거운 불꽃을
왕래하는 초월자
넋을 실어 흐르는 장르여

촉수로 더듬어
심오한 차 안의 심연까지
유영하는 색채 찬란한 곡선의 가닥

엑스터시의 절제된 절정은
깊고 은밀한 마련이라

부드러운 논리로 디자인하고
난삽하지 않는 광기로
끌어올려 취하게 하는 술

예술이여! 그리고 영혼이여!

내 사랑 세월 앞에 세운 신호등

가무러지는
꿈이었을까요

가슴으로 밀려들었던
비현실
저항을 삼킨 채 둥우리를 틀었네요

일체의 빛깔을 압도한
희고 도도한 기품이었습니다

붉은 신호등이 된 나의 무모한 열정
시간을 멈추라 했습니다

끝을 도려낸 푸릇함은
늘 그 자리에 있어야 합니다

기울기를
받을 수 없습니다
세월의 횡포를 막아서렵니다

나는 그대를
시듦을 치워낸 꽃이라 부르렵니다

자목련

철 지나 황량해진 뒷모습
어수선한 자색의 부스러기

뭐가 그리 바빠
가슴 뛰는 해후를 놓쳤나

청순한 꽃잎 은근한 자주빛 미소
가슴에 차오르는 애틋함이여

미련 한 줌 쏟아
뒤돌아서서 흐느낌인가

설레임 식을 줄 모르고
그리움은 끝없는 허기로 파리해져 가는데

차라리 별빛이라도 되어
빈 가지 내려앉아
애상의 노래라도 부르랴

찰나에 피었다 지는 허무를
꽃이라 하며
지금도 자목련을 부르노라

들국화

기울어지는 비탈이 좋아
가을에 꽃을 연다

열정의 불꽃 뒤안길에
내려앉은 우수,
서늘한 정서가 사랑스럽다

깊숙이 숨긴 가슴앓이
가을 햇살에 살살 풀어

시절 한끝은
노래로 엮혀가고자 한다

바람이 분다
하늘은 처연히 푸르고

화려한 떡갈나무 잎새
예찬이 무거워 떨어지는가

현란한 듯 소박한 모양새
색조를 잃어가는 가을 조명 밝히며

가을꽃으로 이 가을을
지켜 가련다

청춘

가슴 뛰게 하는 색깔
푸릇함은
자연마저 일어서는 끼의 꼭짓점이다

아무렇게나 뒹굴어도,
헝클어진 머리칼도, 그림이 되는

햇살이 내려앉은 얼굴에
우러난 홍조를 뭐라 할까

예쁘게 뛰는 심장이
나들이하는 기색이러니

야망의 씨마저
푸른 밭을 그리워한다

꽃이면 만발로 가고
물방울이면 넘침으로 흐르고
탄력은 더 싱그러워지는,

세포가 흐드러지게 웃는
시절의 황금

청춘을 향해
멈추라 할거나

왕 중의 왕 예수

왕의 통치가 열린다
잃어버린 생태가 재건된다

위상 끌어올리는 은혜의 카이로스여

땅에서 하늘로 이어지는
시간의 새 노선
예수가 아니면 열리지 않는 비밀의 이정

오염된 뿌리를 자르시고
이식의 수술
십자가로 이루신 교체의 프로젝트

아담이 정리되고
떨어져 나가는 구태의 악습들
하나님의 의가 본질이 된 사람들

보좌로 나아가는 길
전능자의 동선이 생애에 출렁이는
사랑과 힘의 너울이여

행복을 구원이라 구원을 행복이라 하는
진실이 속살을 열었다

이달주 선생님
태광학원이사장 취임 기념시

낮은 본능 털어낸 영성의 차원에
떠오른 별
어둠을 꺾어
초연의 기상이라

스스로의 틀을 일탈한 각고가
익혀낸 결실인가요
걸작으로 흐르는 업이 맺혔네요

생사를 던진
몰아의 경지에서 우람한 거송이 되셨군요

달려가야 할 이정은
다함이 없고
이루어야 할 꿈은 아직 아득한데

큰 걸음 디딤돌마다 울림이라
사람 가슴에 품어
사랑이라 하는가요

상실을 괘념하지 않는
쏟음의 미학이 그림이 되었습니다

그을음 짙어가는데
허물어지는 인성 어찌 세울까
번뇌로 빚어낸 결단이 고귀합니다

진정성 위에 배양되는 참
우수한 토양에 뿌리내리는 의
아낌의 품에서 탄생하는 정
헌신의 태에서 태어난 열정

아카데미 정신이 깃발로 나부낍니다

피보다 귀한 황금
미련 없이 쏟아낸 현장
큰 방점 찍어 민족애 남기시렵니까

일출로 솟는 후세들의 가슴에
선생님의 대장정이
기림으로 새겨질 것입니다